EL LIBRITO DE
INSTRUCCIONES PARA LA VIDA

por H. Jackson Brown, Jr.

Rutledge Hill Press
Nashville, Tennessee

English text copyright © 1991 by H. Jackson Brown, Jr.
Spanish text copyright © 1994 Editorial Diana S.A.

All rights reserved. Written permission must be secured from the
publisher to use or reproduce any part of this book, except for brief
quotations in critical reviews or articles.

Published in Nashville, Tennessee by Rutledge Hill Press, Inc.,
211 Seventh Avenue North, Nashville, Tennessee 37219.

Typography by D&T/Bailey Typography, Inc., Nashville, Tennessee

Library of Congress Cataloging-in-Publication Data

Brown, H. Jackson, 1940–
    Life's little instruction book / by H. Jackson Brown, Jr.
        p.   cm.
    ISBN 1-55853-102-5
        1-55853-291-9 (Spanish edition)
1. Happiness — Quotations, maxims, etc.   2. Conduct of life—
Quotations, maxims, etc.   I. Title.
BJ1481.B87   1991   91-9800
170˝.44 — dc20   CIP

Printed in the United States of America
1 2 3 4 5 6 7 8 9—96 95 94

Introducción

Este libro se inició como un regalo para mi hijo, Adam. Mientras él empacaba su equipo de sonido, la máquina de escribir, su saco azul y otras necesidades para su nueva vida como universitario, anoté algunas observaciones y palabras de consejo que consideré que podrían serle útiles.

Hace algunos años leí que la responsabilidad de los padres no es la de allanar el camino a los hijos, sino la de proporcionarles un mapa. Así es como espero que utilicen estas reflexiones de la mente y del corazón.

Empecé a escribir y lo que creí que me tomaría algunas horas, tomó en realidad varios días. Reuní mi colección de notas manuscritas, las mecanografié y las puse en una carpeta barata. La guardé bajo el asiento delantero.

Unos días después su madre y yo le ayudamos a cambiarse a su nuevo dormitorio. Cuando ya estaba todo listo, le pedí me acompañara al estacionamiento. Era el momento de la presentación. Saqué la carpeta y se la entregué, expresándole mi intención de darle todo lo que sé sobre cómo vivir una vida feliz y gratificante. Me abrazó y estrechó mi mano. Fue un momento muy especial.

Bueno, de alguna forma esas hojas se convirtieron en el pequeño libro de instrucciones que ahora sostienes. Podrías no estar de acuerdo con todas las afirmaciones; también seguramente lo enriquecerías con cientos de vivencias sobre tu propia existencia. Es obvio que algunas son más importantes que otras, pero todas han dado un toque de alegría, significado y eficiencia a mi vida.

Unos días después de haberle dado a Adam su copia, me llamó de su dormitorio. Me dijo:

–Padre, he estado leyendo mi librito y creo que es uno de los mejores regalos que he recibido. Voy a ampliarlo y algún día se lo daré a mi hijo.

De vez en cuando la vida nos ofrece momentos tan preciosos y extraordinarios, que casi resplandecemos. Lo sé. Acabo de experimentar uno.

Para Adam, mi hijo y,
en muchas formas, mi maestro.

Hijo, ¿cómo puedo ayudarte a ver?
¿Puedo darte mis hombros para que te pares?
Ahora ves más lejos que yo.
Ahora ves por nosotros dos.
¿No me dirás lo que ves?

1 ◆ Elogia a tres personas cada día.

2 ◆ Ten un perro, pero no permitas que moleste a los vecinos.

3 ◆ Contempla un amanecer cuando menos una vez por año.

4 ◆ Recuerda los cumpleaños de los demás.

5 ◆ Deja una excelente propina a las meseras que te sirven el desayuno.

6 • Saluda con un apretón de manos firme.

7 • Mira a los ojos a los demás.

8 • Di "gracias" con mucha frecuencia.

9 • Di "por favor" con mucha frecuencia.

10 • Aprende a tocar un instrumento musical.

11 • Canta en la ducha.

12 • Utiliza articulos de platos mas elegantes.

13 • Para asegurar un año con éxito,
empieza el primero de enero.

14 • Planta flores en cada primavera.

15 • Compra un buen equipo de sonido.

16 • Sé el primero en decir "Hola".

17 • Gasta menos de lo que tengas.

18 • Maneja coches baratos, pero compra la mejor casa que puedas.

19 • Compra buenos libros, aunque nunca los leas.

20 • Perdónate a ti mismo y a los demás.

21 • Aprende tres chistes limpios.

22 • Usa zapatos boleados.

23 • Límpiate los dientes.

24 • Bebe champaña sin una razón especial.

25 ◆ Pide un aumento cuando sientas que lo has ganado.

26 ◆ En una pelea, pega primero y pega fuerte.

27 ◆ Devuelva todo lo que pidas prestado.

28 ◆ Sea maestro en algun tipo de clase.

29 ◆ Sea alumno en algun tipo de clase.

30 ♦ Nunca subas a un automóvil cuando el conductor ha estado bebiendo.

31 ♦ Contribuye con la Cruz Roja.

32 ♦ Cuando camines por una habitación, haz una cosa para que se vea más organizada y bonita.

33 ♦ Trata a los demás como quisieras ser tratado.

34 • Aprende a identificar la música de Chopin, Mozart y Beethoven.

35 • Planta un árbol en tu cumpleaños.

36 • Dona sangre cada año.

37 • Haz nuevas amistades, pero cultiva las viejas.

38 • Guarda los secretos.

39 • Toma muchas fotografías.

40 • Nunca rechases una galleta casera.

41 • No pospongas la alegría.

42 • Escribe sin demora notas de agradecimiento.

43 · Nunca te rindas.
Los milagros ocurren
cada día.

44 • Respeta a los maestros.

45 • Muestra respeto por la policía y los bomberos.

46 • Muestra respeto por el personal militar.

47 • No pierdas el tiempo para aprender los "trucos del oficio"; mejor aprende el oficio.

48 ◆ Controla tu temperamento.

49 ◆ Compre verduras de vendedores que se anuncian con letreros escritos a mano.

50 ◆ Cierra la pasta de dientes.

51 ◆ Saca la basura antes de que te lo pidan.

52 ◆ Evita exponerte demasiado al Sol.

53 ◆ Vota.

54 ◆ Sorprende a los que amas con pequeños regalos inesperados.

55 ◆ Deja de culpar a los demás. Asume la responsabilidad por cada área de tu vida.

56 ◆ Nunca menciones que estás a dieta.

57 ◆ Toma lo bueno de las malas situaciones.

58 ◆ Acepta siempre una mano tendida.

59 ◆ Vive de tal manera que, cuando tus
hijos piensen en justicia, cariño e
integridad, piensen en ti.

60 ◆ Admite tus errores.

61 ◆ Pide a alguien que recoja tu correspondencia y el periódico cuando viajes. Son los primeros detalles que observa un ladrón.

62 ◆ Usa tu ingenio para divertir, no para abusar.

63 ◆ Recuerda que todas las noticias son tendenciosas.

64 • Toma una curso de fotografia.

65 • Deja que las personas se jaloneen frente a ti cuando el tráfico está congestionado.

66 • Cuando sepas que requieres de ayuda, pídela sin demora.

67 • Pide la excelencia y esté dispuesto a pagar por ella.

68 · Sé valiente; si no lo eres,
preténdelo. Nadie notará
la diferencia.

69 ◆ Silba.

70 ◆ Abraza a los niños después de haberlos disciplinado.

71 ◆ Aprende a hacer algo bonito con tus manos.

72 ◆ Dona todas las prendas de ropa que no hayas usado en los últimos tres años.

73 • Nunca olvides tu aniversario.

74 • Sé especialmente cortés y paciente con las personas mayores.

75 • Anda en bicicleta.

76 • Elige una obra de caridad en tu comunidad y contribuye generosamente con tu tiempo y dinero.

77 • No creas que la buena salud es infinita.

78 • Cuando alguien quiera contratarte, aun si el empleo te interesa muy poco, platica con él. Nunca cierres la puerta ante una oportunidad, hasta que hayas podido escuchar la oferta personalmente.

79 • No te involucres con drogas y no te asocies con los que lo están.

80 ◆ Baila despacio.

81 ◆ Evita el sarcasmo.

82 ◆ Evita los restaurantes con músicos ambulantes.

83 ◆ Recuerda que lo más importante en las relaciones familiares y de negocios, es la confianza.

84 ◆ Recuerda que el 80% del éxito en cualquier trabajo se basa en tu habilidad para tratar con las personas.

85 ◆ Nunca alientes a alguien para que se convierta en abogado.

86 ◆ No fumes.

87 ◆ Aun si estás bien financieramente, haz que tus hijos ganen y paguen parte de su educación universitaria.

88 ❖ Aunque estés bien financieramente, haz que tus hijos ganen y paguen *todo* el seguro de su automóvil.

89 ❖ Recicla los periódicos viejos, botellas y latas.

90 ❖ Rellena las charolas para cubos de hielo.

91 ❖ Nunca permitas que te vean borracho.

92 ◆ No inviertas en la bolsa más de lo que puedas permitirte perder.

93 ◆ Elige con mucho cuidado a la compañera de tu vida. De esta única decisión se derivará el noventa por ciento de tu felicidad o miseria.

94 ◆ Adquiere el hábito de hacer cosas buenas por personas que nunca descubrirán cómo sucedió.

95 ◆ Asiste a las reuniones de tu clase escolar.

96 ◆ Presta sólo los libros que no te importe recuperar.

97 ◆ Ten siempre algo bonito a la vista, aunque sea una flor en un frasco.

98 ◆ Aprende a escribir en máquina.

99 · Piensa en cosas grandes, pero disfruta de los placeres pequeños.

100 • Lee las Garantías Individuales en la Constitución.

101 • Aprende a leer un reporte financiero.

102 • Di a tus hijos con frecuencia lo increíbles que son y que confías en ellos.

103 • Usa la tarjeta de crédito sólo por conveniencia, nunca para crédito.

104 ✦ Camina vigorosamente durante treinta minutos cada día.

105 ✦ Obséquiate un masaje en tu cumpleaños.

106 ✦ Nunca engañes.

107 ✦ Sonríe constantemente. No cuesta y es inapreciable.

108 ◆ Cuando comas con clientes o asociados no bebas más de un coctel o un vaso de vino. Si los demás no beben, no lo hagas tú.

109 ◆ Aprende a perseverar ante los cambios.

110 ◆ Recuerda que no sucede nada realmente importante hasta que alguien se arriesga.

111 ◆ No profanes.

112 ◆ No discutas con oficiales de policía y dales el tratamiento de "oficial".

113 ◆ Aprende a identificar las flores silvestres, pájaros y árboles de la localidad.

114 ◆ Conserva extintores de fuego en tu cocina y tu auto.

115 ◆ Fíjate un año como plazo para leer toda la Biblia.

116 ◆ Considera el escribir un testamento viviente.

117 ◆ Instala cerrojos de seguridad en las puertas exteriores.

118 ◆ No compres vino, equipaje, ni relojes caros.

119 ◆ Ponle muchos malvaviscos pequeños a tu taza de chocolate caliente.

120 ◆ Aprende técnicas de resucitación cardiopulmonar.

121 ◆ Resiste la tentación de comprar un pequeño barco.

122 ◆ Detente y lee las señales históricas a lo largo de las carreteras.

123 · Aprende a escuchar. La oportunidad a veces toca muy quedo.

124 • Aprende a cambiar una llanta.

125 • Aprende a hacer un moño.

126 • Respeta la privacidad de tus hijos. Toca antes de entrar a sus recámaras.

127 • Usa ropa interior audaz bajo tu atuendo de oficina más solemne.

128 ◆ Recuerda los nombres de las personas.

129 ◆ Preséntate con el director de tu banco. Es importante que te conozca personalmente.

130 ◆ Deja siempre el asiento del sanitario hacia abajo.

131 ◆ Apréndete las capitales de los estados.

132 ◆ Visita a tus amigos y parientes hospitalizados. Sólo necesitas quedarte unos minutos.

133 ◆ Cuando alguien esté relatando alguna experiencia importante, no trates de rebasarlo con una anécdota tuya. Deja que ocupe toda la atención de los demás.

134 ◆ No compres herramientas baratas.

135 ◆ Haz que te enderecen los dientes inclinados.

136 ◆ Pide que te blanqueen los dientes manchados.

137 ◆ Mantén tu reloj con 5 minutos de adelanto.

138 ◆ Aprende otro idioma.

139 · Nunca prives a otros de la
esperanza; puede ser lo
único que posean.

140 ◆ Cuando emprendas algo, no te preocupes por no tener suficiente dinero. Los fondos limitados son una bendición, no una calamidad; nada estimula más el pensamiento creativo.

141 ◆ Concédete una hora para tranquilizarte antes de responderle a alguien que te provocó. Si involucra algo realmente importante, concédete la noche.

142 • Paga tus deudas oportunamente.

143 • Practica algún deporte.

144 • Lleva a alguien al boliche.

145 • Conserva una linterna y pilas de repuesto bajo tu cama y en la guantera del auto.

146 • Cuando juegues con niños, déjalos ganar.

147 • Apaga el televisor durante la cena.

148 • Aprende a manejar con seguridad una pistola y un rifle.

149 • Omite una comida a la semana y regala lo que te hubiera costado a una persona de la calle.

150 ◆ Canta en un coro.

151 ◆ Relaciónate con un buen abogado, un contador y un plomero.

152 ◆ Celebra las Fiestas Patrias.

153 ◆ Ponte de pie y escucha con atención cuando se toque el Himno Nacional.

154 ◆ Resiste la tentación de grabar una respuesta chistosa en tu máquina contestadora.

155 ◆ Haz testamento y avisa a tu pariente más cercano sobre el lugar donde lo guardas.

156 ◆ Lucha por la excelencia, no por la perfección.

157 ◆ Toma tiempo para oler las rosas.

158 • Cuando ores, no pidas cosas, sino sabiduría y valor.

159 • Mantén la mente firme, pero el corazón suave.

160 • Usa los cinturones de seguridad.

161 • Las revisiones médicas y dentales peródicas son muy importantes.

162 ◆ Mantén limpios tu escritorio y el área donde trabajas.

163 ◆ Haz un viaje nocturno en tren y duerme en un pullman.

164 ◆ Sé puntual y exige la puntualidad en los demás.

165 ◆ No pierdas tiempo en responder a tus críticos.

166 • Evita a las personas negativas.

167 • No escatimes para dejar dinero a tus hijos.

168 • Evita decir a los demás cómo debe hacerse algo. En vez de ello, diles *lo que* necesita hacerse. A menudo te sorprenderán con soluciones muy creativas.

169 ◆ Sé original.

170 ◆ Sé pulcro.

171 ◆ Nunca te rindas en lo que realmente quieres hacer. La persona con grandes sueños es más poderosa que quien tiene todos los hechos.

172 ◆ Comunica tus inquietudes a los representantes ante el gobierno.

173 · Sé más amable que lo necesario.

174 ◆ Alienta a tus hijos para tomar un trabajo de medio tiempo después de los dieciséis años.

175 ◆ Concede una segunda oportunidad a los demás, pero nunca una tercera.

176 ◆ Lee cuidadosamente todo lo que requiere tu firma. Recuerda que lo que la letra grande te da, la letra pequeña te lo quita.

177 ◆ No actúes cuando estés enojado.

178 ◆ Aprende a reconocer a los inconsecuentes; después, ignóralos.

179 ◆ Sé el mejor amigo de tu esposa.

180 ◆ Combate la discriminación y los prejuicios cuando los encuentres.

181 • Gastate, no te oxides.

182 • Sé romántico.

183 • Permite que la gente sepa lo que tú representas y lo que no.

184 • No renuncies a tu empleo hasta que tengas otro.

185 ◆ Nunca critiques a quien firma tu cheque de pago. Si no estás contento en tu trabajo, renuncia.

186 ◆ Tu curiosidad debe ser insaciable. Pregunta siempre "por qué".

187 ◆ Mide a las personas por el tamaño de sus corazones y no el de sus cuentas bancarias.

188 · Conviértete en la persona
más positiva y entusiasta
que conozcas.

189 ◆ Aprende a reparar un sanitario y un lavabo que gotea.

190 ◆ Cuida tu postura. Entra en una habitación con determinación y confianza.

191 ◆ No te preocupes por no poder dar a tus hijos lo mejor de todo. Dales lo mejor que *puedas*.

192 ◆ Bebe leche descremada.

193 ◆ Usa menos sal.

194 ◆ Reduce tu consumo de carne roja.

195 ◆ Clasifica la calidad de un vecindario por el comportamiento de las personas que viven ahí.

196 ◆ Sorprende al nuevo vecino con uno de tus platillos caseros favoritos, e incluye la receta.

197 ◆ No olvides que la necesidad emocional más importante en una persona, es sentirse apreciada.

198 ◆ Deposita algunas monedas en el parquímetro vacío de una persona desconocida.

199 ◆ Estaciónate al final en los centros comerciales. Caminar es muy buen ejercicio.

200 ◆ No mires los programas violentos en la televisión, ni compres los productos que los patrocinan.

201 ◆ No lleves contigo un rencor.

202 ◆ Respeta a todos los seres vivientes.

203 ◆ Regresa un automóvil prestado con el tanque de gasolina lleno.

204 ◆ Elige un trabajo que armonice con tus valores.

205 ◆ Relájate. Con excepción de los asuntos de vida o muerte, nada es tan importante como parece inicialmente.

206 ◆ Da lo mejor de ti a tu empleador. Es una de las mejores inversiones que puedes hacer.

207 ◆ En la vida, como en beisbol, siempre trate de batear un jon rón.

208 ◆ Asiste a las exposiciones escolares de arte y compra siempre algo.

209 ◆ Respeta los límites de velocidad.

210 · Comprométete en una automejora constante.

211 ◆ Lleva a tu perro a una escuela de obediencia. Los dos aprenderán mucho.

212 ◆ No permitas que el teléfono interrumpa momentos importantes. Está ahí para tu conveniencia, no la de quien llame.

213 ◆ No pierdas el tiempo afligiéndote por errores pasados; aprende de ellos y sigue adelante.

214 ◆ Para cumplimentar, la única respuesta que se requiere es un sincero "gracias".

215 ◆ No hagas planes muy largos en una cita a ciegas. Una cita para almorzar es perfecta: si las cosas no funcionan, ambos habrán perdido sólo una hora.

216 ◆ No discutas de negocios en elevadores. Nunca sabes quién podría escucharte.

217 ◆ Sé un buen perdedor.

218 ◆ Sé un buen ganador.

219 ◆ No vayas al mercado cuando tengas hambre. Comprarás demasiado.

220 ◆ Pierde menos tiempo preocupándote por *quién* está en lo correcto y más tiempo para decidir *qué* es correcto.

221 · No magnifiques las cosas pequeñas.

222 • Piensa dos veces antes de confiar un secreto a un amigo.

223 • Alaba en público.

224 • Critica en privado.

225 • Nunca digas a alguien que parece cansado o deprimido.

226 • Cuando alguien te abrace, deja que sea el primero que se suelte.

227 • Evita dar consejos sobre matrimonio, finanzas o cortes de pelo.

228 • Debes tener modales impecables.

229 • No pagues por un trabajo antes que esté concluido.

230 • Conserva la buena compañía.

231 • Lleva un diario.

232 • Cumple con tus promesas.

233 • Evita cualquier iglesia que tenga almohadillas en las bancas y que esté considerando la construcción de un gimnasio.

234 ◆ Enseña a tus hijos el valor del dinero y la importancia del ahorro.

235 ◆ Acepta perder una batalla para poder ganar la guerra.

236 ◆ No te dejes engañar por las primeras impresiones.

237 ◆ Encuentra lo bueno en las personas.

238 • No alientes el mal servicio o la falta de atención al dejar una buena propina.

239 • En la temporada navideña, adorna tu puerta con una guirnalda.

240 • Bebe ocho vasos de agua diariamente.

241 • Respeta las tradiciones.

242 • Sé cuidadoso para prestar dinero a tus amigos. Puedes perder ambas cosas.

243 • Aprovecha cualquier oportunidad para decir a los buenos empleados lo mucho que significan para la compañía.

244 • Compra un comedero para aves y colócalo de tal forma que lo veas desde la ventana de tu cocina.

245 · Nunca cortes lo que puedas desatar.

246 • Saluda a los niños que van en el autobús escolar.

247 • Graba los recuerdos de tus padres sobre cómo se conocieron y sus primeros años de matrimonio.

248 • Respeta el tiempo de los demás. Llama cuando estimes llegar más de diez minutos tarde a una cita.

249 • Contrata personas más listas que tú.

250 • Aprende a mostrar alegría, aun cuando no estés de buen humor.

251 • Aprende a mostrar entusiasmo, aun cuando no lo sientas.

252 • Cuida muy bien a los que amas.

253 • Sé modesto. Se lograron muchas cosas antes de que nacieras.

254 • Mantén las cosas simples.

255 • Preocúpate por la calidad de tu vida y no por su longitud.

256 • No seas un peatón imprudente.

257 ◆ Nunca pidas un consejo de negocios a un contador o un abogado; están entrenados para encontrar problemas, no soluciones.

258 ◆ Cuando platiques con alguna persona por primera vez, evita preguntarle a qué se dedica. Disfruta de su compañía sin clasificarlo.

259 • Evita los pleitos como a una plaga.

260 • Muestra diariamente a tu familia cuánto la quieres con tus palabras, tu tacto y atenciones.

261 • Toma unos días de vacaciones con tu familia, aunque no las puedas pagar. Los recuerdos serán inapreciables.

262 ◆ No murmures sobre los demás.

263 ◆ No discutas por salarios.

264 ◆ No seas regañón.

265 ◆ No apuestes.

266 ◆ Cuídate de quien no tenga nada que perder.

267 • Recuéstate y mira las estrellas.

268 • No dejes las llaves en la cerradura de ignición.

269 • No gimotees.

270 • Llega temprano a tu trabajo y quédate un poco después de la hora de salida.

271 ◆ Cuando enfrentes una tarea difícil, actúa como si fuera imposible el fallar.

272 ◆ Cambia los filtros del aire acondicionado cada tres meses.

273 ◆ Recuerda que el éxito de *la noche a la mañana* generalmente toma cerca de quince años de trabajo.

274 · Deja las cosas un poco
mejor de lo que las
encontraste.

275 ◆ Recorta los artículos donde destacan personas que conozcas; envíaselos por correo con notas de felicitación.

276 ◆ Patrocina a los comerciantes locales, aunque cueste un poco más.

277 ◆ Recarga tu tanque de gasolina antes de que quede un cuarto en el depósito.

278 • No esperes que el dinero te traiga la felicidad.

279 • No truenes los dedos para llamar la atención de alguien. Es descortés.

280 • Sin importar lo candente de una situación, mantente sereno.

281 • Pide un descuento cuando pagues en efectivo.

282 ✦ Encuentra un buen sastre.

283 ✦ No utilices el palillo de dientes en público.

284 ✦ Nunca subestimes el poder de cambiarte a ti mismo.

285 ✦ Nunca sobreestimes tu poder de cambiar a otros.

286 ◆ Practica la empatía. Trata de ver las cosas desde el punto de vista de otros.

287 ◆ Promete en grande. Cumple en grande.

288 ◆ Adquiere la disciplina del ahorro. Es esencial para tener éxito.

289 ◆ Mantente en forma.

290 ◆ Encuentra otra forma de probar tu hombría, en vez de disparar a los animales indefensos y a los pájaros.

291 ◆ Recuerda que un trato no está hecho hasta que el cheque pasó bien por el banco.

292 ◆ No quemes puentes. Te sorprenderá ver cuántas veces tendrás que atravesar el mismo río.

293 ◆ No te comprometas a más de lo que puedes realizar. Aprende a decir *no* en forma rápida y amable.

294 ◆ Mantén tus gastos bajos.

295 ◆ Mantén tus expectativas altas.

296 ◆ Acepta el dolor y la desilusión como parte de la vida.

297 ◆ Recuerda que un matrimonio feliz depende de dos cosas: 1) encontrar a la persona adecuada y 2) ser la persona adecuada.

298 ◆ Enfoca los problemas como oportunidades para tu desarrollo y autocontrol.

299 ◆ No creas en las personas cuando te pidan que seas honesto con ellas.

300 ◆ No esperes que la vida sea justa.

301 ◆ Conviértete en un experto en administración del tiempo.

302 ◆ Cierra tu coche con llave, aun cuando lo estaciones en tu propia calle.

303 ◆ Nunca te vayas a dormir si hay trastes sucios en el fregadero.

304 · Juzga tu éxito por el grado en que disfrutes de paz, salud y amor.

305 • Aprende a usar un serrucho y un martillo.

306 • Duerme una siesta los domingos por la tarde.

307 • Cuando seas invitado a comer en casa de alguien, elogia la comida.

308 • Haz la cama cuando estés pasando la noche como visitante.

309 ◦ Destina el cinco por ciento de tus ingresos para caridad.

310 ◦ No dejes un anillo en la tina de baño.

311 ◦ No pierdas el tiempo jugando a las cartas.

312 ◦ Cuando pienses en criticar a tus padres, esposa o hijos, muérdete la lengua.

313 • Nunca subestimes el poder de amar.

314 • Nunca subestimes el poder del perdón.

315 • No aburras a los demás con tus problemas. Cuando alguien te pregunte cómo te sientes, dile: Mejor que nunca. Cuando te pregunten sobre tu negocio, responde: Excelente, cada día mejor.

316 • Aprende a discrepar, sin ser desagradable.

317 • Debes tener tacto. No hagas sentir mal a alguien a propósito.

318 • Escucha las dos versiones antes de juzgar.

319 • Aléjate de la envidia. Es la fuente de mucha infelicidad.

320 • Sé cortés con todos.

321 • Saluda a quienes ayudan en los cruceros de las escuelas.

322 • No digas que te falta tiempo. Tienes exactamente el mismo número de horas por día que las que recibieron Helen Keller, Pasteur, Miguel Ángel, la Madre Teresa, Leonardo da Vinci y Albert Einstein.

323 ◆ Cuando no haya suficiente tiempo para realizar todo, adelanta lo más posible.

324 ◆ No demores en actuar ante una buena idea. Las posibilidades son de que alguien también lo haya pensado. El éxito será para quien actúe primero.

325 ◆ Ten cuidado con las personas que te dicen lo honestas que son.

326 ⋆ Recuerda que los ganadores hacen lo que los perdedores no quisieron hacer.

327 ⋆ Cuando llegues a tu trabajo en la mañana, deja que lo primero que digas ilumine el día para los demás.

328 ⋆ Busca la oportunidad, no la seguridad. Un barco anclado en la bahía está seguro, pero con el tiempo se le pudrirá el fondo.

329 ◆ Instala detectores de humo en tu hogar.

330 ◆ Revive las viejas amistades.

331 ◆ Cuando viajes pon tu nombre en el equipaje, con los números de teléfono de tu casa, de algún amigo de confianza y del hotel donde te hospedarás, así como información médica de importancia.

332 · Vive tu vida como una exclamación de admiración, no como una explicación.

333 ◆ En vez de usar la expresión *si sólo*, trata de sustituirla por la palabra *la próxima vez*.

334 ◆ En vez de utilizar la palabra *problema*, sustitúyela por la de *oportunidad*.

335 ◆ De vez en cuando prueba tu suerte.

336 ◆ Que tu próxima mascota provenga del albergue de animales.

337 • Vuelve a leer tu libro favorito.

338 • Vive en tal forma que tu epitafio pueda decir "sin remordimientos".

339 • Nunca salgas de tu casa durante una discusión con tu esposa.

340 • No pienses que un precio alto es sinónimo siempre de alta calidad.

341 ◆ No te engañes. Si algo suena demasiado bueno para ser verdad, probablemente lo es.

342 ◆ Cuando voyas a alguilar un auto prefiere un modelo caro como el Lincoln y despilfarra.

343 ◆ En lo que respecta a ropa y a muebles: si crees que los utilizarás por cinco años o más, compra lo mejor que puedas.

344 • No comas justo antes de dar un discurso.

345 • Prueba todo lo que te ofrezcan los demostradores en el supermercado.

346 • Sé atrevido y tenaz. Cuando mires tu vida retrospectivamente, lamentarás más lo que no hiciste, que lo que realizaste.

347 · Nunca desperdicies la oportunidad de expresar tu amor.

348 ◆ Adquiere un buen diccionario.

349 ◆ Compra una enciclopedia.

350 ◆ Recuerda los tres aspectos más importantes cuando compres una casa: ubicación, ubicación y ubicación.

351 ◆ Guarda los papeles de valor en la caja del banco.

352 ◆ Asiste a la celebración de la
Independencia en algún pueblecito.

353 ◆ Revisa todas tus fotografías viejas.
Selecciona diez y pégalas en los
anaqueles de la cocina. Renuévalas
cada mes.

354 ◆ Para explicar una ruptura romántica,
sólo di: fue mi culpa.

355 • Autoevalúate bajo tu propio criterio, no el de los demás.

356 • Cuando las personas te necesiten, hazte presente.

357 • Si alguien te ha prestado un servicio y no sabe cuánto cobrarte, pregúntale: ¿Cuánto es lo que considera usted justo?

358 • Sé decidido, aun cuando algunas veces estarás equivocado.

359 • No permitas que te disuadan de algo que sepas que es una buena idea.

360 • Prepárate a perder de vez en cuando.

361 • Nunca comas la última galleta.

362 • Debes saber cuándo callar.

363 • Debes saber cuándo hablar.

364 • Encuentra todos los días la forma de mejorar en algo tu matrimonio.

365 • Busca la forma de superarte cada día en tu trabajo.

366 • No hagas correr el agua del urinal con tu mano, usa el codo.

367 • Obtén las cosas a la manera antiqua: ahorra y págalas de contado.

368 • Recuerda que nadie logra el éxito solo. Ten un corazón agradecido y sé rápido en reconocer a quienes te ayudaron.

369 • Conviértete en la clase de persona que ilumina una habitación simplemente por entrar en ella.

370 • Haz negocios con quienes hacen negocios contigo.

371 • Nada más por ver como se siente, abstente de criticar las próximas veinticuatro horas.

372 ◆ Brinda a tus clientes lo mejor de ti.

373 ◆ Deja que tus hijos te escuchen decir cosas buenas de ellos cuando hables con otros adultos.

374 ◆ Trabaja duro para crear en tus hijos una buena autoimagen. Es lo más importante que puedes hacer para asegurar su éxito.

375 · Asume tus decisiones. No permitas que otros elijan por ti.

376 ✦ Destina una tarde a la semana sólo para tu esposa y tú.

377 ✦ Lleva cables pasa-corriente en tu automóvil.

378 ✦ Asegúrate de tener todos los presupuestos por escrito.

379 ✦ Olvida los comités. Las ideas nuevas, nobles y que cambian al mundo provienen de una persona que trabaja sola.

380 • Presta atención a los detalles.

381 • Sé emprendedor.

382 • Sé leal.

383 • Comprende que la felicidad no se basa en las posesiones, poder o prestigio, sino en las relaciones con las personas que amas y respetas.

384 • Nunca hagas un regalo a quien amas, que le sugiera que necesita mejorar.

385 • Alaba hasta las mejoras más pequeñas.

386 • Cierra la llave del agua mientras cepillas tus dientes.

387 • Usa zapatos, cinturones y corbatas caros, pero cómpralos en baratas.

388 ◆ Cuando no sepas de qué color pintar una habitación, elige el blanco tradicional.

389 ◆ Lleva algunos sellos postales en tu portafolios. Nunca se sabe cuándo descubrirás la tarjeta perfecta para enviarla a un amigo o a quien amas.

390 ◆ Los músicos callejeros son un tesoro. Detente un momento y escúchalos; déjales después un pequeño donativo.

391 • Apoya que se dé la misma paga a quienes desempeñan el mismo trabajo.

392 • Paga tu parte proporcional.

393 • Aprende cómo usar una computadora.

394 • Cuando tengas una enfermedad seria, busca la opinión de tres médicos cuando menos.

395 ◆ Permanece con la mente abierta, flexible, curiosa.

396 ◆ No regales algo inservible.

397 ◆ Nunca compres un solo gatito. Dos son mucho más divertidos y no significan un problema adicional.

398 ◆ Comienza tus juntas a tiempo, aun cuando alguien falte.

399 · Concéntrate en hacer cosas mejores, no más grandes.

400 • Aléjate de los centros nocturnos.

401 • Nunca vayas a ver cómo hacen salchichas o chorizos.

402 • Comienza cada día con tu música favorita.

403 • Visite una sesion del tribunal de tu cuidad un sabado por la noche.

404 ◆ Cuando asistas a una junta, siéntate al frente.

405 ◆ No te dejes intimidar por los doctores o las enfermeras. Aun cuando estés en el hospital, sigue siendo tu cuerpo.

406 ◆ Revisa las facturas de los hospitales con mucho cuidado. Se dice que el 89% están equivocadas, en favor del hospital.

407 • De vez en cuando, toma la ruta panorámica.

408 • No dejes que tus posesiones te posean.

409 • Monte una guerra contra la basura y el desorden.

410 • Envía muchas tarjetas en el Día de la Amistad. Fírmalas como "alguien que piensa que eres increíble".

411 • Corta tu propia leña.

412 • Cuando tu esposa y tú discutan, independientemente de quién esté equivocado, discúlpate. Dile: "Perdóname por molestarte. ¿Me perdonas?" Estas palabras curan las heridas y son mágicas.

413 • No presumas tu éxito, pero tampoco pidas disculpas por él.

414 ◆ Si recibes un servicio, comida o productos de calidad inferior, repórtalo a quien esté a cargo. Los buenos administradores lo apreciarán.

415 ◆ Estusiásmate ante el éxito de otros.

416 ◆ No te demores. Haz lo que debes hacer cuando debe ser hecho.

417 • Lee para tus hijos.

418 • Canta para tus hijos.

419 • Escucha a tus hijos.

420 • Define bien tus prioridades. Nadie ha dicho en su lecho de muerte: Caray, ¡si tan sólo hubiera pasado más tiempo en mi oficina!

421 · Cuida tu reputación, es lo más valioso que tienes.

422 ◆ Enciende los faros de tu auto en cuanto empiece a llover.

423 ◆ No te rezagues.

424 ◆ Firma y lleva siempre contigo tu tarjeta que te acredita como donador de órganos.

425 ◆ No te autocompadezcas. Cuando aparezca esta emoción, haz algo bueno por alguien menos afortunado que tú.

426 • Comparte el crédito.

427 • No aceptes lo "suficientemente bueno" como suficientemente bueno.

428 • Haz más de lo esperado.

429 • Cuando sepas que alguien pasó por dificultades para vestirse de etiqueta, dile siempre que se ve sensacional.

430 • Elige un doctor de tu edad, para que puedan envejecer juntos.

431 • Usa el agua mineral como desmanchador de emergencia.

432 • Mejora tu desempeño al mejorar tu actitud.

433 • Ten un amigo que tenga un camión.

434 ◆ Nunca le preguntes al peluquero si necesitas ya un corte de pelo.

435 ◆ Haz una lista de veinticinco cosas que quieras experimentar antes de morir. Llévala en tu portafolios y consúltala a menudo.

436 ◆ Adquiere conocimientos básicos de tres religiones aparte de la tuya.

437 • Contesta el teléfono con voz enérgica y entusiasta.

438 • Cada persona que conoces sabe algo que tú no; aprende de ella.

439 • Haga una grabación de la risa de tus padres.

440 • Compra automóviles con bolsas de aire.

441 • Cuando te encuentres con alguien a quien no conoces bien, extiende tu mano al tiempo en que dices tu nombre. No supongas que recuerden si ya te conocían.

442 • Hazlo bien la primera vez.

443 • Ríe mucho. Un buen sentido del humor cura casi todas las enfermedades de la vida.

444 · Nunca subestimes el poder de una palabra o una acción amable.

445 • No des poca propina a un mesero porque la comida fue mala; él no la cocinó.

446 • Cambia el aceite y los filtros de tu auto cada cinco mil kilómetros, a pesar de lo que indique el manual.

447 • Realiza simulacros familiares ante emergencias. Asegúrate que todos sepan qué hacer en caso de un incendio.

448 • No temas decir: No sé.

449 • No temas decir: Me equivoqué.

450 • No temas decir: Necesito ayuda.

451 • No temas decir: Lo siento.

452 • Nunca comprometas tu integridad.

453 • Conserva lápiz y papel en tu mesa de noche. Las ideas millonarias surgen a veces a las 3 a.m.

454 • Respeta a todos los que trabajan para vivir, a pesar de que su trabajo sea trivial.

455 • Lee el periódico dominical completo para mantenerte informado.

456 ◆ Envíale flores a tu amada. Piensa después en una razón para hacerlo.

457 ◆ Asiste a las competencias deportivas de tus hijos, obras y recitales.

458 ◆ Cuando encuentres un trabajo ideal, tómalo sin considerar la paga. Si en verdad lo es, tu salario reflejará pronto tu valor para la compañía.

459 · No utilices el tiempo
o las palabras
despreocupadamente.
Ninguno de los dos
puede recuperarse.

460 • Busca oportunidades para hacer sentir importantes a los demás.

461 • Organízate. Si no sabes cómo hacerlo, hay libros excelentes para ese propósito.

462 • Cuando un niño se cae y se raspa el codo o la rodilla, preocúpate siempre; después tómate el tiempo para besarlo y sanarlo.

463 ◆ Mantén la mente abierta a las nuevas ideas.

464 ◆ No te pierdas de la magia del momento por concentrarte en lo que va después.

465 ◆ Cuando hables ante la prensa, recuerda que siempre tiene la última palabra.

466 ◆ Establece tus metas a corto y largo plazo.

467 • Cuando planees un viaje, antes de ir lee sobre los lugares que visitarás o, mejor aún, renta un video turístico.

468 • No hagas llover sobre los desfiles de los demás.

469 • Ponte de pie al saludar a un visitante en tu oficina.

470 • No interrumpas.

471 ◆ Antes de salir para esperar un vuelo,
llama a la aerolínea para asegurar que
esté en tiempo.

472 ◆ Disfruta la verdadera miel de maple.

473 ◆ No te precipites al tomar una decisión
importante. Las personas comprenderán
que desees tomar tu tiempo para
reflexionar y regresar al día siguiente.

474 • Siempre debes estar preparado. Nunca tienes una segunda oportunidad para causar una buena primera impresión.

475 • No esperes que otros escuchen tus consejos e ignoren tu ejemplo.

476 • Recorre todo el trayecto. Cuando aceptes una tarea, conclúyela.

477 • Agradece a Dios antes de cada comida.

478 • No insistas en manejar la vida de alguien más.

479 • Responde oportunamente a las invitaciones R.S.V.P. Si hay un número telefónico, comunícate; si no, escribe una nota.

480 • Lleva a un niño al zoológico.

481 · Observa los grandes problemas. Ellos disfrazan a las grandes oportunidades.

482 ◆ Acostúmbrate a dejar tu billetera y las llaves del auto en el mismo lugar cada vez que llegues a tu casa.

483 ◆ Aprende un truco de cartas.

484 ◆ No vayas a los restaurantes que giran.

485 ◆ Concede a los demás el beneficio de la duda.

486 ◆ Nunca admitas en tu trabajo que estás cansado, enojado o aburrido.

487 ◆ Decide levantarte treinta minutos más temprano. Hazlo por un año y agregarássiete días y medio para disfrutar.

488 ◆ Haz para alguien su día de suerte y paga la cuota del peaje por la persona del coche detrás del tuyo.

489 ◆ No cometas el mismo error dos veces.

490 ◆ No manejes con las llantas lisas.

491 ◆ Esconde una llave adicional de tu auto en algún lugar del mismo, para usarla en caso de emergencia.

492 ◆ Coloca una funda térmica alrededor de tu calentador de agua caliente para ahorrar energía.

493 ◆ Ahorra el diez por ciento de lo que ganes.

494 ◆ Nunca discutas por dinero con quien tenga mucho más o mucho menos que tú.

495 ◆ Nunca compres un automóvil color café muy claro.

496 ◆ Nunca compres algo que no necesitas, sólo porque está en oferta.

497 · No te involucres en huelgas; dales la espalda.

498 • Cuestiona tus objetivos preguntándote si te ayudarán a volverte lo mejor posible.

499 • Quiere a tus hijos por lo que son, no por lo que quisieras que fueran.

500 • Cuando negocies tu salario piensa en lo que quieres; entonces pide el diez por ciento más.

501 ◆ Mantén varias velas encendidas.

502 ◆ Después de trabajar duro para obtener lo que quieres, tómate el tiempo para disfrutarlo.

503 ◆ Mantente alerta ante las oportunidades para mostrar aprecio y reconocimiento.

504 ◆ Comprométete con la calidad.

505 • Sé un dirigente. Recuerda que el perro que encabeza el trineo es el único que tiene una vista decente.

506 • Nunca subestimes el poder de las palabras para aliviar y reconciliar las relaciones.

507 • Tu mente puede sostener un solo pensamiento a la vez; que éste sea positivo y constructivo.

508 ◆ Conviértete en el héroe de alguien.

509 ◆ Cásate sólo por amor.

510 ◆ Cuenta las bendiciones que has recibido.

511 ◆ Llama por teléfono a tu madre.